„sprich nur ein wort,
so wird meine seele gesund"
(Matthäus 8:8)

jo schäfer, micha landauer [hrsg.]

sylka kramer

in milde,
licht und güte

himmelsgedichte

Bibliografische Information
der Deutschen Nationalbibliothek:
Die Deutsche Nationalbibliothek verzeichnet diese Publikation
in der Deutschen Nationalbibliografie; detaillierte bibliografische
Daten sind im Internet über http://dnb.dnb.de abrufbar.

© 2014

Herausgebende: Jo Schäfer, Micha Landauer
Umschlagfoto: Sylka Kramer
Gestaltung: Jo Schäfer
Herstellung, Verlag: BoD – Books on Demand, Norderstedt
ISBN: 9-783-7347-3986-6

beleben

beispielhaft leben   11

innenleben

gleich fließendem saphir   15
befreit gewachsen ins licht   16
tapferkeit   18
zu besuch   20
kinderaugen   21
graslächeln   22
geheimnis der stille   23
mit dem aufwachen   24
der nachbar   25
hundeleben   26
hörendes leben   28
höre   30
das hören   31
zur ruhe kommen   32
wolken ziehen weiter   33
abend im hof   34
zusammentreffen   35
mäuse   36
mauses weg   37
frei inmitten   38
über den wolken   39
gedichte   40
worauf vertrauen   41

der name 42
mir zur erinnerung 44
gedenken 45
lichtwache 46
lichtgesang 47
lichterinnerung 51
lichtwunden 52
ich halte dich 53
das offene herz 54
zerschlagen 55
kleine weisheit 56
grundreinigung 57
verunsicherheiten 58
armut 60
freigebigkeit 61
schnee 62
barfüße 63
das kleine licht 64
inliebt 66
hineinfrieden in den tag 67
unzeiten leben 68
dort, wo ich wohne 70
den weg meistern 72
unbedacht 73
innenblau 74
körpergeisttraining 75
wäre ich flamme 76
der himmel sind wir 77
aushalten lernen 78
was ist frieden 79

umwehendes   80
das kind   81
frieden   82
otter und kind   83
wie den frieden leben   84
heilung   85
der asphalt   86
der gesang gottes   87
früchte   88
im frühsommer   89
dunkelsehen   90
herzleuchten   91
gedicht der erde   92
das zarte   94
lichten   96

weiterleben

segensfrieden   99

dank

bhagavad gita
cesar teruel
chögyam trungpa
chökyi dragpa
christina güller
david hawkins
evagrios pontikos
franz jalics
gabriel bunge
gyalse togme
jesus von nazareth
mohandas gandhi
philokalie
siddharta gautama
venkataraman iyer

gewidmet

diesem ich

beleben

beispielhaft leben

lebe als beispiel
dass es möglich ist
wach und lebendig zu sein

dem tag aufmerksam
zu begegnen, der nacht
zu lieben

es braucht menschen
die darin vorangehen
den irrenden

die in verwirrung
den planeten vernichten
die erde ist kein experiment

die erde ist heilig

hüte sie, du mensch, hüte
bäume, steine, sterne
das wachsen

denn eingefroren
in kälte ist die erde
keine erde mehr.

innenleben

gleich fließendem saphir

in allem blau hindurch das blau
ein klarer himmel

in allen augen hindurch das licht
ein klarer himmel

in allen herzen hindurch das blau
ein klares licht

so ist

in allem himmel lichtes angesicht
und ist in allen sichten himmelslicht

in allem blau hindurch das blau.

befreit gewachsen ins licht

wenn die gedanken
gänzlich zur ruhe kommen

und keine bewegung ist
im denkendsein

wird es vollkommen still
friedlich still

und darin ein gewahrsein
von dankbarkeit

für diese reiche ernte
nach jahren harter arbeit

des pflügens, säens, wässerns
wachsenlassenmüssens

und warten auf den baum
der nicht im ersten jahr

seiner keimung fruchtet
und auch nicht im dritten

den geist zu zähmen
und die gedanken

dass sie nicht mehr wie affen
von baum zu baum springen

braucht disziplin und willens-
kraft und ausdauer, jahre

und verzweifeln, verzagen
in all den mühen der übung

das sterben des egos
zu ertragen, das gern affe ist

bis der baum gewachsen
wo die affen sich nicht länger

mit kokosnüssen bewerfen
und die köpfe einschlagen

sondern mittagsruhe halten
jeder auf seinem ast

welche leichtigkeit und freude
und endlich, endlich frieden.

tapferkeit

aus dem kokon nicht nur
das licht schnuppern

und ein wenig frische der luft
sondern hinauswagen

tapfer, entschlossen
handeln

ja, der wind ist kalt
unbequem, schneidend

und ist der einzige, der wahrhaft
frisch die geister zum leben erweckt

ja, es ist im warmen bett
gemütlicher und faul

und träge zieht das leben
dem ahnungslosen vorüber

der sieg ist nicht in schläfrigkeit
und nicht im träumen zu erringen

das leben zu leben, sich entfalten
zu lassen, ist nur frei möglich

zuallererst braucht es wachheit
und davor und dazu mehr noch mut

dem wind der kälte das gesicht
hinzuhalten, bis zu tränen

und dann, nur dann kann leben
rein gewaschen werden

bis zum grund des herzens
vom schlamm befreit

nur dann ist atmen, freies
tapferkeit und handeln

schläfrigkeit hat noch niemanden
zum leben erweckt.

zu besuch

nur dort
wo ich nichts erwarte
bin ich frei

nur dort
kann die liebe mich
besuchen kommen.

kinderaugen

das denken verlernen
schenkt kinderaugen

die steine unter den zehen
lachen bunt

vögel, gras, sonne
flüstern ihre helligkeiten

und das moos
schweigt vor dem regen

es braucht das hüpfen
mit den wolkenfedern

die engel zu verstehen
und die kinderaugen

als geschenk des himmels.

graslächeln

die gräser
wiegen sich
im wind

und wiegen
ins herz
ein lächeln.

geheimnis der stille

warum in stille leben
und im schweigen wohnen

einzig und allein
weil es nichts gibt

inmitten des herzens
als lauschenden klang

eine ruhe
die beredter ist

und weiser
als alle worte.

mit dem aufwachen

mit dem aufwachen
am morgen durchatmen

inne halten

nachklingen lassen
die dämonen der nacht

frieden schließen
mit ihnen

inne halten

die glieder sortieren
in ruhe, atmen

am morgen
aufstehen in frieden.

der nachbar

es gibt einen nachbarn
bei dem ich unbeschwert
sein kann

ich setze mich einfach zu ihm
und er nimmt alles auf
was ich von mir zu geben habe

sein dasein hilft durchatmen
und loslassen, was festhält
und frieden schließen

mit allem gewordenen
gegangenen, vergangenen
durchlebten

und ich entledige mich
aller geschäfte an diesem einen
stillen ort.

hundeleben

wenn gott die kleine flamme
im herzen ist
die es zu hüten gilt

was suchst du dann
das göttliche noch immer
im außen

schau im herzen nach
bevor du herumläufst
wie ein nasser hund

der nicht nur den mond
anbellt, sondern auch
den regen, der ihn beachtet

ganz still im innern
wartet die kleine flamme
gehalten zu werden

und gehütet als licht
und offen gezeigt
den suchenden augen

das herumlaufen im regen
bringt nur die flamme
zum rauchen und zittern

und die erinnerung
an das eine – gott
qualmt erstickungsanfälle

dabei hat die kleine flamme
doch gar nichts zu tun
mit dem hundewetter

nur braucht es eben
einen hund, der mond
und regen kennt

und den himmel darin
und inmitten wache hält
wie ein straßenköter.

hörendes leben

das hören ist eine haltung
eine lebenshaltung

die es zu üben gilt
und zu hüten

die im sinn hat: dasein
für bitten, fragen, menschen

denn im wald ist es still
und himmel ist, wie es ist

da ist kein hören, kein fragen
kein bitten, kein lauschen

kein menschenleben mit wirren
verwirren, bedrängnis

im wald ist himmelsein
frieden

hören um der menschen willen
ist den menschen zugewandt

das hören auf den himmels-
klang in jedem menschen

zu zeigen diesen einen ton
und seine antwort

inmitten von wirren, verwirren
ist hören lebensheilung

für menschen, die verhört haben
ihren klang, ihren ton

ihren frieden.

höre

höre mit dem denken auf
und höre mit dem hören an

und höre zu dem hören
und gehöre dem hören

im aufhören und zuhören
das hören anhören

ist hinhören, hineinhören
ins hörendsein.

das hören

das hören des himmels
ist das hören des herzens

wenn der geist frei ist
sind worte geschenkt

und schritte sind geschenkt
und steine am boden

es braucht die achtsamkeit
auf den atem, wie er kommt

von alleine strömt
und wieder geht

und immer eins ist mit allem
außen, innen, luft, himmel

das atmen schauen
das herz hören, hilft

wahrnehmen die lebendigkeit
die mit dem neuen atemzug

vertrauen lehrt in das, was ist:
himmel hören weite.

zur ruhe kommen

schritte gehen
in der natur

wahrnehmen die schritte
das gras, die steine

den himmel, farben
gerüche, atmen

gewahrwerden
des rhythmusses

aus gehen und herzen
und atemholen

und gewahrsein
von gehen und kommen

und ruhen darin.

wolken ziehen weiter

die wolken entstehen
die wolken lösen sich auf

die gedanken entstehen
die gedanken lösen sich auf

die leben entstehen
die leben lösen sich auf

wolken kommen
wolken gehen

der himmel bleibt.

abend im hof

die sonne auf den himbeeren
steckt in den gliedern

die brise des abends
weht kühlung herbei

ein lauschen im gesang
der pappeln und rotschwänze

kündet von blauem horizont
und abendfrieden.

zusammentreffen

es hat sich herumgesprochen
dass es reife birnen gibt
alle sind sie da, im baum

grünspechte, buntspechte
rotschwänze, goldammern
kleiber, bachstelze

und ich auch.

mäuse

die mäuse füttern
den menschen

zeigen ihm: schau!
da ist keine angst

zu den füßen eines wesens
das dem laub lauscht

dem raschelnden
weg der mäuse.

mauses weg

mensch bin ich
aus knochen
fleisch und blut
und nacht

nacht bin ich
aus wachen
schlaf und traum
ein weg

weg bin ich
aus suchen
aug und ohr
und maus

maus bin ich
in machen
haus und herd
und sein

sein bin ich
aus mauses
weg und nacht
ein mensch.

frei inmitten

der boden
ist der boden

der himmel
ist der himmel

frei zu wurzeln
frei zu wachsen

ist alles
inmitten.

über den wolken

dort auf dem berg
sind die wolken unter mir
und die dörfer miniaturen

dort auf dem berg
sind die täler weiter mir
und auch die kreaturen

dort auf dem berg
ist das leben näher mir
und gott ein katzensprung.

gedichte

weil die menschen aufhören
gedichte zu lesen
habe ich aufgehört
gedichte zu schreiben
für die menschen

und weil die engel begannen
gedichte zu hören
habe ich begonnen
gedichte zu hören
für die engel.

worauf vertrauen

in der nacht
auf einen sonnenaufgang

im winter
auf ein frühlingserwachen

in der dürre
auf erneute regenzeit

und dort, wo keine sonne
kein frühling, kein regen ist

in eiswüstenpolarnacht
vertrauen dem überleben

bei minus fünfzig, nichts
zu essen, nichts zu sehen

nur sturm und eis und nacht
und pinguine, vertrauende.

der name

ein heiligtum
in meinem herzen

frieden geboren
in geborgenheit

pflanzte sacht und zart
ein heiliger name

mich leben in die welt
zu bewahren

den garten, zu hüten
das eine herz darin

die lilie zu bewachen
in der nacht

weil der name micht ruft
den ich trinke

aus quellen, die gärten
lebendigen

so bleibe ich
in treue

der lilie, dem herz
dem namen

den einen zu hüten
der mich ruft in der nacht.

mir zur erinnerung

möge ich licht bleiben
möge ich freude bleiben
möge ich liebe bleiben
möge ich bleiben und standhalten

möge ich weg sein
so wie ich bin.

gedenken

ich gedenke der ohnmacht
ich gedenke der macht

sie sind wie die sonne
die bleibt tag und nacht

ich gedenke des windes
der still steht und weht

ich gedenke des kindes
das sich im wind dreht

ich will nun das ohr
dem atem zuneigen

möge der atem
das leben mir zeigen.

lichtwache

es ist die milde
die leuchtet

es ist die strenge
die wacht

so kann
ein wachendes herz

licht herein-
lassen.

**lichtgesang
in der mitte der nacht**
zur melodie des hymnos akathistos

leuchte uns
in unsrem nächtlichen gesang
leuchte uns
in tiefem schlaf hellwach im traum
leuchte uns
in unsrer glieder müdigkeit
leuchte uns
frieden von uranfang

leuchte uns in der nacht
licht vom lichte, leuchte uns

leuchte uns
ohnmächtigkeit mit machtvollem schmerz
leuchte uns
erfahrnes leid mit verborgenem sinn
leuchte uns
heilung im leid als schmerz offenbar
leuchte uns
wahrhaftigkeit von uranfang

leuchte uns in der nacht
licht vom lichte, leuchte uns

leuchte uns
verzweifelt starke hoffnungslosigkeit
leuchte uns als zweifel
in dem hoffnung erstarkt
leuchte uns als nichts
denn nichts ist alles das
leuchte uns
alles ist eins von uranfang

leuchte uns in der nacht
licht vom lichte, leuchte uns

leuchte uns
du bist der mond, der zeigt uns die sonne
leuchte uns
du bist die sonne, die ruft uns den tag
leuchte uns
du bist der tag, der uns nahrung schenkt
leuchte uns
du bist uns nahrung von uranfang

leuchte uns in der nacht
licht vom lichte, leuchte uns

leuchte uns
du bist die quelle, die wüsten begrünt
leuchte uns
du bist die wüste, die weit uns werden lässt
leuchte uns
du bist die weite, die freiheit uns gibt
leuchte uns
du bist uns freiheit von uranfang

leuchte uns in der nacht
licht vom lichte, leuchte uns

leuchte uns
du bist der samen, der sterben sich erwählt
leuchte uns
du bist der tod, der weiter noch lebt
leuchte uns
du bist das leben, das schöpfung gebiert
leuchte uns
du bist uns schöpfung von uranfang

leuchte uns in der nacht
licht vom lichte, leuchte uns

leuchte uns
ich bin das wesen aller lichten dunkelheit
leuchte uns
ich bin der name, der keine namen kennt
leuchte uns
ich bin, was war, was ist und was kommt
leuchte uns
ich bin da von uranfang

leuchte uns in der nacht
licht vom lichte, leuchte uns

leuchte uns
ich bin der berg im tiefsten ozean
leuchte uns
ich bin wind in brise und in sturm
leuchte uns
ich bin, was lacht und was weint
leuchte uns
ich bin liebe von uranfang

leuchte uns in der nacht
licht vom lichte, leuchte uns

leuchte uns
ich bin das sichtbare im unsichtbaren raum
leuchte uns
ich bin die klarheit im grenzenlosen sein
leuchte uns
ich bin der weg zum tor, das offen steht
leuchte uns
ich bin all das von uranfang

leuchte uns in der nacht
licht vom lichte, leuchte uns.

lichterinnerung

im licht
ist erinnerung

weht durch die nacht

im licht
ist weite.

lichtwunden

dem aufgebrochenen herz
entströmt licht

die durchbohrte hand
hält eine wange

die wachen augen
erschauen augen

in liebe.

ich halte dich

siehst du, wie mich
maria im tod im arm hält

so halte ich dich
judas, im tod im arm

wurde ich einmal gekreuzigt
wirst du es noch immer

judas, ich halte dich
noch immer.

das offene herz

das herz
offen gehalten

offen und offen
gehalten

bis es erschlagen wurde
mit dem schwert

und jetzt?

weiter noch lieben
ist die antwort.

zerschlagen

die glieder sind
noch immer zerschlagen

durch das schwert
das erhobene

doch braucht die liebe glieder?

so ist die liebe nun
eine zerschlagene liebe

und ist liebe
wie je zuvor.

kleine weisheit

wenn zwei menschen
zur selben zeit

ihre angst
durchschreiten

ist der himmel
nur noch

ein natürliches selbst-
verständnis

das blau ist blau
und die katze eine katz

und die sonne scheint
auch in der nacht

mit dem mond vereint
durch himmel

und hölle, die niemals
mehr war

und jemals gewesen
sein wird.

grundreinigung

wenn man die fenster geputzt hat
das ganze haus von oben bis unten

zuerst die haut und die augenfenster
und am ende auch das herzfenster

dann kann es passieren
dass eines tages licht herein bricht

wenn am himmel die sonne scheint
und man weiß nicht wie

es sein kann, dass dieses haus
in allen räumen strahlt

ein fluten hindurchleuchtet
durch alle herz-ein-wände

obwohl doch nur die sonne scheint
wie so oft zuvor im leben

ja, dann kann es passieren
dass man einfach vergessen hat

dass die fenster geputzt sind
wie nie im leben zuvor.

verunsicherheiten

in der angst leben
braucht sicherheitsdenken

in der liebe leben
braucht mut zum vertrauen

und auch die liebe
zu allem dasein, allem winter

allen formen von leben
sommer, knospen der blätter

und fallende blätter vom ast
und alle verunsicherungen

des werdens, vergehens, sterbens
ist geliebt in der liebe

gehalten, getragen von der einen
wahrhaftigen unsicherheit

die keine versicherungen braucht
für das wunder des lebens

das sich jeden morgen neu
entfaltet in einen neuen tag

dessen sonnenaufgang nicht
zu versichern ist

und eben auch nicht
zu verunsichern – darin ist weisheit

die weisheit der liebe
die in allen verunsicherheiten

wohnt inmitten von angst
ganz und gar unsicherlich

frei davon.

armut

das schlichte
in allen möglichkeiten

das sanfte
in allen tatkräften

das leichte
in furcht- und hoffnungslosem

das zarte
in allem vertrauen

ist die anmut
des lebens in armut.

freigebigkeit

alles verschenken macht nicht nur
das herz weit und frei

es trägt auch zur eigenen armut bei
entlastet von allen sorgen um geld

und vielen entscheidungsnöten
karussel oder kino?
kaffee oder bier?
straßenbahn oder taxi?

ich gehe einfach zu fuß
und freue mich an den menschen

die ins kino gehen
kaffee trinken, taxi fahren.

schnee

schnee
küsst das gesicht
ganz sacht

wenn ich es
in den himmel
halte.

barfüße

wir sind zwei barfüße
wir sehen nicht

wo wir stehen
wo wir gehen

wissen nicht
wer uns sieht

inmitten der menge
in der metrostation

schlurfen schwer
die schuhe am abend

und wir hören sie
die wache geige

die heller spielt
wenn wir vorüber gehen

dann lächeln wir
wie sie uns lächelt

im ungesehenen
licht des ersten advent.

das kleine licht

„das kleine licht"
sagst du, siehst du

„in meinen augen
in deinem herzen"

und in mir ist es:
augenherz, herzaugen

überall, das kleine licht
in allem ist es alles

in jedem menschen
jedem tier, jedem grashalm

in der katze, der maus
der fliege, mücke, zecke

ist es klarer kristall
und taubes gestein

schwerer lehmboden
und leichter sand

lacht hervor
aus jeder kloschüssel

und kennt rasierapparat
spülmaschine

straßenbahn
und haltestelle

ist jede farbe, jede form
alle facetten

der sprache, der traurigen
anmutigen, frechen

dem humor, dem lachen
und dem erbrechen

verbrechen, gebrechen
zerbrechen, auch darin

ist es licht
undenkbar wahr

wie kann das sein?

geht es über den verstand
wird es liebe genannt

das kleine licht.

inliebt

ich verliebe dich
du beliebst mich
es durchliebt uns

so erlieben wir.

hineinfrieden in den tag

sanftes königsblau am morgen
sanftes brisen von licht

zartheit des blätterrauschens
zartheit des gütigen lauschens

in milde hellt der tag herauf
und hellt der seele ein licht.

unzeiten leben

wie spät ist es?
wird als frage gestellt

und der gedanke kommt
was ist spät?

was ist damit gemeint?
mit diesem spät

wie viel uhr es sei
kommt die antwort

uhr? zeit? einteilung?
ja, genau, ist die antwort

ich weiß nicht
was spät ist

ich weiß nicht
was wie spät ist

und auch nicht
was dieses es ist

das spät und früh
genannt wird

ich weiß nur
dass ich sagen kann

dort, da oben, das ist sie
die sonne und ihr stand.

dort, wo ich wohne

die sonne kündigt sich langsam
in dämmerung

dort, wo ich wohne
sind stunden unbekannt

dort, wo ich wohne
ist zeitlos immer zeit

dort, wo ich wohne
bleiben die sterne

alles fließt im licht
werden und wachsen

der garten kennt
die sprache der natur

die sonne, den mond
ihren lauf, ihre bahn

den regen, den wind
frost und tau und liebe

dort, wo ich wohne
ist weder uhr, noch zeiger

dort, wo ich wohne
ist tag tag, nacht nacht

dort, wo ich wohne
wohne ich

im einklang
mit der dämmerung.

den weg meistern

nicht nur den geist zähmen
die willenskraft schärfen
die fähigkeiten weiten

sondern auch das herz

durchlichten, hingeben
hindurchwachsen lassen
und atmen.

unbedacht

unbedacht ist das herz
das barfuß wohnt

unter freiem himmel
atmen wagt

unbedacht ist der schlaf
der vertraut

inmitten der raubtiere
ruhe findet

unbedacht ist das leben
der gartenlauben

wo die decken
nicht auf den kopf fallen

so unbedacht ist das herz
der freiheit

das sich als garten erlaubt
ein himmel zu sein.

innenblau

selbst eine flamme
hat einen heiligenschein

und
einen dunklen kern.

körpergeisttraining

zwei arten von menschen
laufen stundenlang im kreis

ohne jemals anzukommen
laufen sie runde um runde

einzig, um den körper
und den geist zu zähmen

üben die athleten und asketen.

wäre ich flamme

wäre ich flamme
loderte ich hoch hinauf

wäre ich bergsee
wäre ich der stillste von allen

wäre ich licht
strahlte ich tausend farben

wäre ich raum
wäre ich endlose weite

wäre ich ein kuss
berührte ich deine hand.

der himmel sind wir

wir können einen anfang machen
den himmel weiten
lassen in uns

wir können einen anfang machen
im weiten und frieden
und himmelsein

wir können ein anfang sein
in diesem augenblick
du und ich

himmelsweit.

aushalten lernen

mich aushalten
lernen

heißt das und
aushalten lernen

im verhärteten, aufgeweichten
und biegsamen

im frostigen, hitzigen
und milden

im blendenden, finsteren
und sanften

das und aushalten
ist alles dasein

leben
behutsam halten.

was ist frieden

kalte hände
streckst du mir hin
zum abschied

eiskalte
steifstarr klirrende
glieder

und augen
hell und klar
und licht

und ein lächeln
sagt: man kann auch
durchgefroren leuchten.

umwehendes

das anvertraute gott
hat das kind beschützt
mit beider hände gebet

das anvertraute gott
hat das wachsenwerden
im erwachsen zart umweht

das anvertraute gott
ist das, was bleibt
und wirbt, umwebt.

das kind

hüte das kind in dir
das kindliche, naive

das ungeschützte
wehrlose, nackte

es führt dich
ins unmittelbare

in die essenz
die zu heilen vermag

wenn du es schützt
wird es dir ein schutz

der machtvoller
nicht sein kann.

frieden

frieden ist
dass ich sein darf
wie ich bin

ohne dass mich
jemand anders
haben möchte

ohne dass ich
mich anders
haben möchte.

otter und kind

am tag hatte ich angst um das kind
und angst vor der otter
und angst vor dem himmelreich

mitten in der nacht
war ich otter
und die otter durfte otter sein

mitten in der nacht
war ich kind
und das kind durfte kind sein

und das kind spielte mit der otter
und kind und otter
waren eins im spiel

und am morgen war ich ganz
ganz kind
und ganz otter

und ganz himmelreich.

wie den frieden leben

gibt es eine aufgabe
wenn es nichts zu tun gibt?

die innere flamme hüten
und lebendige ruhe halten

beständig bleiben

die freude nähren
und das licht bewahren

und in allem sein
erinnern die zeichen.

heilung

jeden tag mindestens einmal
sich durchschütteln

wie ein nasser hund
fell und glieder von sich schütteln

schüttelt blockaden
aus dem körper hinaus

die knoten fliegen um die ecke
und der geist lacht wieder.

der asphalt

atemberaubende
schönheit ist der asphalt

wenn der regen
im sommer

das wasser
springen lässt.

der gesang gottes

der gesang der vögel am morgen
ist der gesang gottes

der gesang der vögel am abend
ist der gesang gottes

das klare licht der sterne bei nacht
ist das licht gottes

das klare licht des himmels bei tag
ist das licht gottes

jede zeit hat ihre erinnerung
an das woher und wohin

und wodurch gott sich zeigt
in klang, licht, erinnerung.

früchte

freude ist blühen
im frühjahr und herbst

aus früchten ein jahr
der ernte

hält den winter
durch.

im frühsommer

im fenster sitzen
in der sonne

inmitten von
löwenzahnleuchten

und ohr an ohr
stieglitze, schwanzmeisen

frühsommerfrieden
atmen

alles darf sein
wie es ist

und nichts muss
getan werden

außer: im fluss zu bleiben
und in der sonne.

dunkelsehen

das schwarzdunkle
wolkenband

das die sonne
verdeckt

lehrt mich
sehen

was sonnenstrahlen sind.

herzleuchten

in der einen hand die tränen
in der anderen das licht

so kann ein regenbogen
sich hineinleuchten

in die heilung
der herzen.

gedicht der erde

als der wind zur erde kam
erzählte er vom klingenlassen
das die herzen der menschen
öffnete für den einen weg

und die erde sprach zu ihm
du hast das klingenlassen
menschenherzen zu berühren
und was habe ich?

es wird schon etwas geben
das deinem wesen entspricht
und den menschen
den einen weg eröffnet

sagte der wind und wehte davon
und ihm nach schaute die erde
und der wind nahm gestalt an
von wirbelndem sand

und von einer wehenden
rose von jericho, ohne ort
hin und hergetragen
und die erde sah ihr erdesein

meine sprache ist der boden
und das wurzelnlassenkönnen
der menschen in diese eine
erde, die ihnen heimat ist

und die erde erkannte
weisheit und wegsein
im erdesein, im windsein
und blieb wie immer

ohne klang, ohne wehen
ohne herzensmelodien
einfach grund hineinzuleben
im sterben, im bleiben.

das zarte

das zarte
zärtliche

das milde
anmutige

das wärmende
streichelnde

der windhauch
die brise

der weiche klang
die geste

die sacht
berührende

das lächeln
der herzen

all die zarten töne

die wispernden
singenden

wie schnee
still und sanft

leise, leicht tänzelnd
weben, verweben

die stille
zu einer melodie

die frieden singt
in jeder faser

ihres eingeliebten
wesens lauschen

schauen, atmen
die zärtlichkeit

frieden.

lichten

lichten beginnt
mit denen
die vom licht erzählen

geht weiter
mit denen
die licht sind

und endet
mit denen
die licht bleiben.

weiterleben

segensfrieden

hingabe an den frieden ist auch
eine liebeserklärung an den frieden
eine liebeserklärung an die menschen
eine liebeserklärung an die welt

erinnere dich
woher du kommst

und dass du in frieden hier bist
die menschen zu lieben
die menschen zu berühren
die menschen anzuschauen

bringe frieden, sei frieden

folge dem goldenen licht in dir
dem licht überall um dich her
dem licht in den augen der menschen
dem licht in den flammen der herzen

bringe segen, sei segen

lass dich berühren von jedem weg
jeder bewegung eines menschen
jedem augenblick, jedem gedanken
jedem kommen, gehen, bleiben

erinnere dich
warum du mensch bist

in hingabe an dieses eine leben
liebe mit jeder faser menschsein
liebe jede frage des menschseins
liebe in allen gestalten

liebe, segne, friede.